나를 단단하게 만드는
아침 한 문장 필사

나를 단단하게 만드는
아침 한 문장 필사

김한수 지음

하늘
아래

나를 단단하게 만드는 행복한 아침을 열어가며

He is happy that thinks himself so.
스스로 행복하다고 생각하는 사람이 행복하다.

아침은 하루를 여는 문이자, 내면을 가다듬고 스스로를 단련하는 중요한 시간입니다. 하루의 첫 순간에 떠오르는 생각과 마음가짐이 그날의 방향을 결정짓는 열쇠가 되기 때문에, 어떤 태도로 아침을 맞이하느냐에 따라 우리의 하루는 더 밝고 단단하게 다가올 수 있습니다.

이 책은 각자가 스스로를 단단하게 만들어가는 과정에서 철학자들의 깊은 지혜를 빌려, 아침을 더욱 의미 있고 충만하게 열어갈 수 있도록 돕기 위해 구성되었습니다. 단순히 읽는 것을 넘어, 철학자와 유명 작가들이 남긴 명문장을 매일 아침 필사할 수 있도록 되어 있습니다. 필사하는 과정을 통해 우리는 그들의 지혜를 내면에 깊이 새기고, 우리 삶 속으로 끌어들이며, 생각과 행동을 새롭게 다듬을 수 있습니다. 이 필사는 글을 단순히 베끼는 것을 넘어서, 철학적 사유를 직접 체화하며 하루를 시작하는 성찰의 시간이 될 것입니다.

고대 철학자 에픽테토스는 "우리의 삶은 우리가 생각하는 것에 달려 있다"고 말했습니다. 행복과 불행은 외부 환경이 아니라 우리의 생각에서 비롯되며, "스스로 행복하다고 생각하는 사람이 행복하다"는 말처럼, 아침마다 긍정적인 생각을 스스로에게 불어넣는 것이, 진정한 행복을 향한 첫걸음이 될 수 있습니다. 이 책은 아침마다 철학적 문장을 필사하고 그 의미를 되새기며, 내면의 힘을 길러주는 소중한 시간이 되도록 기획되었습니다.

또한, 소크라테스가 말한 "너 자신을 알라"라는 명언처럼, 삶의 출발점은 자신을 깊이 이해하는 데서 시작됩니다. 아침은 어제의 나와 대화하고, 새로운 결심을 다지며 나만의 방향을 설정하기에 가장 좋은 시간입니다. 이 책에 담긴 문장들을 필사하고, 그 의미를 곱씹으며 스스로를 성찰하는 시간이 나만의 단단한 삶의 방향을 설정하는 지침이 되기를 바랍니다.

끝으로 이 책은 유명한 철학자와 작가들이 남긴 명문장과 지혜를 모아, 매일 아침 필사를 통해 그들의 통찰을 우리 삶으로 가져오는 경험을 선사하도록 했습니다.

『나를 단단하게 만드는 아침 한 문장 필사』는 그들의 지혜를 내면에 깊이 새기고, 삶 속으로 녹여내는 성찰의 과정입니다. 매일 아침 그들의 지혜를 필사하여 나의 마음 감정 상태를 점검하고, 자신에게 전하는 단단한 명문장 한 마디를 통해 자신을 응원하는 메시지를 전하도록 하였습니다.

이 시간을 통해 자신을 더욱 단단하게 다듬고 내면의 강인함과 평온을 발견하는 경험이 되길 바랍니다. 이 책이 여러분의 매일 아침을 의미 있는 출발로 만들어주고, 철학적 지혜를 통해 나를 단단하게 만드는 여정으로 이끌어주기를 기대합니다.

"아침에 일찍 일어나는 것은 중요하지 않다
아침을 얼마나 일관되게 시작하느냐가 중요하다."

———

B.J. 노박

차례

I
아침을 여는 생각

하루의 시작에서 삶의 본질을 묻다

아침에는 생각하고 낮에는 행동하고
저녁에는 먹고 밤에는 잠들라.

~

블레이크

"새로 열린 길을 보라"

행복은

한쪽 문이 닫힐 때, 다른 한쪽 문은 열린다.

하지만 우리는 그 닫힌 문만 오래 바라보느라

우리에게 열린 다른 문은 못 보곤 한다.

헬렌 켈러 *Helen Keller*

(작가 겸 사회사업가)

* 나의 감정 상태

* 단단한 아침을 위한 한마디

"미래는 두려움이 아니라 용기 있는 자의 기회다"

미래는 여러 가지 이름을 갖고 있다.

약자들에게는 도달할 수 없는 것,

겁 많은 자들에게는 미지의 것이다.

그러나 용감한 자들에게는 기회이다.

빅토르 위고 *Victor Hugo*

(프랑스 작가)

---

* 나의 감정 상태

* 단단한 아침을 위한 한마디

"미래를 위해 지금 준비하라"

일생의 계획은 어릴 때 있고,

일 년의 계획은 봄에 있고 하루의 계획은 새벽에 있다.

어려서 배우지 않으면 늙어서 아는 것이 없을 것이요,

봄에 밭을 갈지 않으면 가을에 거둘 것이 없을 것이요,

새벽에 일찍 일어나지 않으면

그날을 판단할 수 없을 것이다.

공자 孔子

(중국 춘추 시대 사상사)

* 나의 감정 상태

* 단단한 아침을 위한 한마디

Day
4

"포기하지 하지 말라"

날지 못하면 달려라. 달리지 못하면 걸어라.

그리고 걷지 못하면 기어라,

당신이 무엇을 하든 앞으로 가야 한다는 것만 명심해라.

마틴 루터 킹 *Martin Luther King*

(미국 목사 겸 인권 운동가)

---

* 나의 감정 상태

* 단단한 아침을 위한 한마디

"인생은 느끼고 행동하는 깊이에 달려 있다"

인생이란 나이가 아니라 행동이며,

호흡이 아니라 생각이요, 존재가 아니라 느낌이다.

우리는 심장의 맥박으로 시간을 헤아려야 한다.

필립 제임스 베일리 *Philip James Bailey*

(영국의 시인 겸 극작가)

* 나의 감정 상태

* 단단한 아침을 위한 한마디

"인생은 성실로 채워가는 것이다"

인생은 흘러가는 것이 아니고

성실로써 이루어져 가는 것이라야 한다.

우리는 하루하루를 보내는 것이 아니고

내가 가진 것으로 채워가는 것이라야 한다.

존 러스킨 *John Ruskin*

(영국 예술 평론가)

---

* 나의 감정 상태

* 단단한 아침을 위한 한마디

"아침은 탄생이요 저녁은 황혼이다"

하루는 작은 일생이다.

아침에 잠이 깨어 일어나는 것이 탄생이요,

상쾌한 아침은 짧은 청년기를 맞는 것과 같다.

그러다가 저녁, 잠자리에 누울 때는

인생의 황혼기를 맞는 것이라는 것을 알아야 한다.

쇼펜하우어 *Arthur Schopenhauer*

(독일 철학자)

* 나의 감정 상태

* 단단한 아침을 위한 한마디

"하루를 마지막처럼 살아라"

희망과 근심, 공포와 불안 가운데

그대 앞에 빛나고 있는 하루하루를 마지막이라고 생각하라.

그러면 예측할 수 없는 시간은 그대에게

더 많은 시간을 줄 것이다.

호라티우스 *Horace*

(로마의 시인)

* 나의 감정 상태

* 단단한 아침을 위한 한마디

"미래는 현재의 삶으로 만들어진다"

인생이란

마음속으로 그리는 미래의 삶을 사는 것이 아니다.

현재를 삶으로써 진정한 미래의 삶을 살 수 있다.

에머슨 *Ralph Waldo Emerson*

(미국 사상가 겸 시인)

* 나의 감정 상태

* 단단한 아침을 위한 한마디

"나쁜 습관은 나중에 바꾸기 어렵다"

습관의 쇠사슬은 거의 느끼지 못할 만큼 가늘다.

그래서 그것을 깨달았을 때는 끊을 수 없을 정도로

이미 굳고 단단해져 있다.

린든 B. 존슨 *Lyndon B. Johnson*

(미국의 36대 대통령)

---

* 나의 감정 상태

* 단단한 아침을 위한 한마디

"목표를 향한 습관이 성공을 부른다"

목표를 세우고 그것을 달성하는 습관만 갖춰도

성공의 반은 정복한 것이나 다름없다.

아무리 비천하거나 지루한 노역이라도

그 모든 일이 꿈을 이루는 데 도움이 되는 것이라는

확신을 가지고 하루하루를 살아가면

가장 지루한 허드렛일조차도 감내할 수 있게 된다.

오그 만디노 *Og Mandino*

(미국 작가)

* 나의 감정 상태

* 단단한 아침을 위한 한마디

"희망은 포기하지 않는 자의 선물이다"

희망은 잠자고 있지 않는 인간의 꿈이다.

인간의 꿈이 있는 한, 이 세상은 도전해 볼만하다.

어떠한 일이 있더라도 꿈을 잃지 말자, 꿈을 꾸자.

꿈은 희망을 버리지 않는 사람에겐 선물로 주어진다.

아리스토텔레스 *Aristotle*

(고대 그리스 철학자)

* 나의 감정 상태

* 단단한 아침을 위한 한마디

"인생은 의무를 다함으로써 그 기쁨을 얻는다"

이 세상에서의 생활은

눈물의 골짜기가 아니다. 더구나 시험장도 아니다.

생활은 견줄 것 없이 좋은 그 무엇이다.

이 세상의 생활에서 느낄 수 있는 기쁨은 무한하다.

단지 우리들에게 부과된 의무를 성취함으로써

그 기쁨을 얻기만 하면 되는 것이다.

톨스토이 *Leo Tolstoy*

(러시아 사상가)

---

* 나의 감정 상태

* 단단한 아침을 위한 한마디

"스스로 깨닫지 못하는 무지에서 벗어나라"

우리들은

스스로 인식도 하지 못하고 있는 사이에

추락을 향해 돌진하고 있다.

우리들의 눈앞에 있는 문이 닫혀 있어

앞을 보지 못하는 것뿐이다.

파스칼 *Blaise Pascal*

(프랑스 수학자 겸 철학자)

* 나의 감정 상태

* 단단한 아침을 위한 한마디

"긍정적인 자기암시로 하루를 시작하라"

나는 날마다 모든 면에서 점점 더 좋아지고 있다

Day by day, in Everyway,

I am getting better and better

에밀 쿠에 *Émile Coué*

(프랑스 약사 겸 심리 치료사)

* 나의 감정 상태

* 단단한 아침을 위한 한마디

"목적이 있는 선함을 가져라"

지나치게 도덕적인 사람이 되지 마라.

인생을 즐길 수 없게 된다.

도덕 그 이상을 목표로 하라.

단순한 선함이 아니라 목적 있는 선함을 가져라.

헨리 데이비드 소로 *Henry David Thoreau*

(미국 철학자 겸 수필가)

* 나의 감정 상태

* 단단한 아침을 위한 한마디

"욕망은 허상에 불과하다"

좀 더 열린 마음으로 인생사를 바라보면,

가지지 못해 아쉬워했던 것들이

사실 그토록 간절히 원했던 것은 아님을 알게 된다.

앙드레 모루아 *André Maurois*

(프랑스 소설가)

* 나의 감정 상태

* 단단한 아침을 위한 한마디

"현실을 직시하고 미래를 개척하라"

당신은 단순한 독서인 혹은 연구자가 되려는가?

아니면 사물을 똑바로 보려는 관찰자가 되려는가?

당신의 운명을 읽어보라.

당신의 눈앞에 있는 것을 바라보라.

그리고 미래를 향해 걸음을 내딛어라.

헨리 데이비드 소로 *Henry David Thoreau*

(미국 철학자 겸 수필가)

---

* 나의 감정 상태

* 단단한 아침을 위한 한마디

"가슴 뛰는 삶을 살아라"

인생의 목적은 끊임없는 전진이다.

앞에는 언덕이 있고, 냇물이 있고, 진흙구덩이가 있다.

평탄한 길만이 있는 것이 아니다. 먼 곳을 향해 가는 배가

풍파를 만나지 않고 고요하게만 갈 수는 없다.

풍파는 언제나 전진하는 자의 벗이다.

차라리 고난 속에 인생의 기쁨이 있다.

풍파 없는 항해란 얼마나 단조로운가.

고난이 많을수록 나의 가슴은 뛴다.

프리드리히 니체 *Friedrich Nietzsche*

(독일 철학자)

* 나의 감정 상태

* 단단한 아침을 위한 한마디

"자연과 조화된 생활을 하라"

자연과 조화된 생활을 하라.

그렇게 하면, 결코 불행을 느끼지 않는 사람이 될 수 있다.

세상 사람들의 사고방식에 따라서만 산다면

그대는 결코 참된 재산을 얻지 못할 것이다.

세네카 *Seneca*

(로마 제국 시대 사상가)

* 나의 감정 상태

* 단단한 아침을 위한 한마디

"내면이 깨끗할 때, 행복은 찾아온다"

우리들 자신이 깨끗할 때 영감을 얻을 수 있다.

우리들 자신이 더러울 때는 자신의 모습을 잃기도 한다.

시간이 지날수록 자신 속의 동물적인 성질이 사라지고,

신성한 존재로 변해가고 있음을 믿는 사람이

행복한 사람이라 할 수 있다.

헨리 데이비드 소로 *Henry David Thoreau*

(미국 철학자 겸 수필가)

* 나의 감정 상태

* 단단한 아침을 위한 한마디

"맑은 마음으로 세상을 보라"

마음이 맑고 깨끗한 사람은

온 세계가 맑고 깨끗하게 보이고,

마음이 잡된 사람은

온 세계가 또한 잡되고 더럽게 보인다.

에머슨 *Ralph Waldo Emerson*
(미국 사상가 겸 시인)

* 나의 감정 상태

* 단단한 아침을 위한 한마디

"길이 없는 곳에서 새로운 길을 개척하라"

길이 이끄는 대로 가지 마라.

대신 길이 없는 곳으로 가서 흔적을 남겨라.

에머슨 *Ralph Waldo Emerson*

(미국 사상가 겸 시인)

* 나의 감정 상태

* 단단한 아침을 위한 한마디

"익숙해져 길들여진 마음을 버려라"

돈에 맞춰 일하면 직업이고 돈을 넘어 일하면 소명입니다.

칭찬에 익숙하면 비난에 마음이 흔들리고

대접에 익숙하면 푸대접에 마음이 상합니다.

문제는 익숙해져 길들여진 내 마음입니다.

집은 좁아도 같이 살 수 있지만

사람 속이 좁으면 같이 못삽니다.

백범 김구

(대한민국 독립운동가)

* 나의 감정 상태

* 단단한 아침을 위한 한마디

"오늘 무엇을 할 것인가를 결정하라"

내일을 이룩한다는 것의 목적은

내일부터 무엇을 시작할 것인가를

결정하는 것이 아니라,

내일이 있게 하기 위하여

오늘 무엇을 할 것인가를

결정하는 데에 있다.

피터 드러커 *Peter Drucker*

(미국 경영학자 겸 평론가)

* 나의 감정 상태

* 단단한 아침을 위한 한마디

"창의성의 비결은 메모에 있다"

기록하고 잊으라.

잊을 수 있는 기쁨을 만끽하면서

항상 머리를 창의적으로 쓰는 사람이 성공한다.

그 비결은 바로 메모에 있다.

사카토 켄지 坂戸建司

(일본 작가 겸 강사)

---

* 나의 감정 상태

* 단단한 아침을 위한 한마디

"인생은 생각이 아니라 도전과 경험에서 발견된다"

생각하는 것만으로 인생의 의미는 발견되지 않는다.

좀 더 구체적 상황으로 당면하는 도전에

자신을 내맡김으로써 발견되는 것이다.

지금 여기에 그대 자신을 내놓으라,

그대에게 주어진 상황,

현재라는 이 시간에 그대를 내놓으라.

그렇게 하면 그대 앞에 그 의미가 명시될 것이다.

빅터 프랭클 *Viktor Frankl*

(오스트리아 심리학자)

* 나의 감정 상태

* 단단한 아침을 위한 한마디

Day
28

CHAPTER 1

"성실한 사람은 자신을 극복하는 데 최선을 다한다"

산다는 것은 곧 고통을 치른다는 것과 같다.

그러므로 성실한 사람일수록 자기

자신에게 이기려고 애를 쓰는 법이다.

나폴레옹 *Napoleon Bonaparte*

(프랑스의 황제)

* 나의 감정 상태

* 단단한 아침을 위한 한마디

"의지가 운명을 만든다"

사람이 사람다울 수 있는 힘은

그의 의지에 있는 것이지

재능이나 이해력에 있는 것이 아니다.

아무리 재능이 많고 이해력이 풍부하더라도

실천력이 없으면 아무 일도 할 수 없기 때문이다.

의지가 운명을 만든다.

에머슨 *Ralph Waldo Emerson*
(미국 사상가 겸 시인)

* 나의 감정 상태

* 단단한 아침을 위한 한마디

"생각대로 살지 않으면, 사는 대로 생각하게 된다"

생각하는 대로 살지 않으면

결국에는 사는 대로 생각하게 된다.

폴 부르제 *Paul Bourget*

(프랑스의 작가)

* 나의 감정 상태

* 단단한 아침을 위한 한마디

"지금 해야 할 일은 최선을 다해 기쁘게 하라"

누군가 해야 할 일이면 내가 하고,

내가 해야 할 일이면 최선을 다하고,

어차피 해야 할 일이면 기쁘게 하고,

언젠가 해야 할 일이면 바로 지금 하라.

미래는 일하는 사람의 것이다.

권력과 명예도 일하는 사람에게 주어진다.

앤드류 매튜스 *Andrew Matthews*

(오스트레일리아 작가)

* 나의 감정 상태

* 단단한 아침을 위한 한마디

"자신이 선택한 길을 묵묵히 걸어가라"

자신의 길을 걸어가는 사람은 누구나 다 영웅이다.

자신이 할 수 있는 일을 성실하게

수행하면서 사는 사람은 누구나 다 영웅이다.

헤르만 헤세 *Hermann Hesse*

(독일 소설가)

* 나의 감정 상태

* 단단한 아침을 위한 한마디

"스스로 설정한 목표나 가치를 지켜나가라"

젊은이라면

집을 짓거나, 곡식을 심거나, 항해를 해도 좋다.

다만 하고 싶다고 스스로 마음먹었던 것을

훼손하지 않아야 한다.

헨리 데이비드 소로 *Henry David Thoreau*

(미국 철학자 겸 수필가)

* 나의 감정 상태

* 단단한 아침을 위한 한마디

"원하는 것을 얻으려면 용기 있게 행동하라"

사람은 그가 얻고자 하는 것을

용기 있게 구하지 않으면 시들어 버린다.

인생의 가장 큰 곤란은 밖에 있는 것이 아니라

늘 자신의 마음속에 있다.

자기가 희망하는 것을 쟁취해야 한다.

얻으려 하지 않는 그 자체가 불행과 비참의 원인이 된다.

희망하는 것을 구하는 행동이 인생이다.

얻고자 하는 노력이 미약해서

앞으로 나서지 못하는 것이다.

요한 볼프강 폰 괴테 *Johann Wolfgang von Goethe*
(독일 철학자 겸 작가)

* 나의 감정 상태

* 단단한 아침을 위한 한마디

"작은 일이라도 충실히 맡은 바를 다하라"

연극의 각본에는 여러 종류의 인물이 등장한다.

긴 배역도 있고 짧은 배역도 있다.

당신은 그중 중요한 배역을 맡은 것이다.

당신에게 주어진 배역이 비록 짧더라도

그 역을 충실히 소화해야 한다.

에픽테토스 *Epictetus*

(고대 그리스 철학자)

* 나의 감정 상태

* 단단한 아침을 위한 한마디

"운명은 내면의 태도와 행동에 의해 결정된다"

사람은 대개 자신의 운명을 스스로 만들어가고 있다.

운명이란 외부에서 오는 것 같지만 알고 보면

자기 자신의 약한 마음, 게으른 마음, 성급한 버릇,

이런 것들이 결국 운명을 만든다.

어진 마음, 부지런한 습관, 남을 도와주는 마음,

이런 것이야 말로 좋은 운명을 여는 열쇠다.

세네카 *Seneca*

(로마 제국 시대 사상사)

* 나의 감정 상태

* 단단한 아침을 위한 한마디

"목적이 이끄는 삶을 살아라"

목적을 지나지 않는 사람은 곧 낙오한다.

전혀 목적이 없는 것보다는 비록 사악할지라도

목적을 지니는 것이 낫다.

토마스 칼라일 *Thomas Carlyle*

(영국 평론가 겸 역사학자)

* 나의 감정 상태

* 단단한 아침을 위한 한마디

"시간을 소중히 여겨야 삶의 태도가 달라진다"

그대는 인생을 사랑하는가?

그렇다면 시간을 낭비하지 말라.

시간은 인생을 구성하는 재료이기 때문이다.

똑같이 출발했는데, 세월이 지난 뒤에 보면

어떤 이는 뛰어나고 어떤 이는 낙오되어 있다.

그 두 사람의 거리는 좀처럼 가까워질 수도 없다.

이것은 하루하루 주어진 자신의 시간을

잘 이용하였느냐, 허송하였느냐에 달려 있다.

프랭클린 *Benjamin Franklin*

(미국 정치인)

* 나의 감정 상태

* 단단한 아침을 위한 한마디

2
희망을 생각하는 아침

무한한 가능성 속에서 희망을 발견하다

희망은 아주 거짓말쟁이이기는 하지만
어쨌든 우리를 즐거운 오솔길을 지나
인생의 종착역까지 데려다 준다.

~

라 로슈푸코

"자신이 걷고 있는 길이 곧 희망이다"

'희망이란 원래 있는 것이다'라고, 말할 수 없고,

없는 것이라고도 말할 수 없다. 원래 지상에는 길이 없다.

걷는 사람이 많아지면 그것이 길이 된다.

루신 *Lu Xun*

(중국 소설가)

---

* 나의 감정 상태

* 단단한 아침을 위한 한마디

"지금의 어려움은 목표를 향한 여정의 일부다"

삶이 고단하고 힘들다고 죽으려 하지 말라.

어깨에 진 짐이야말로 인간의 목표를 달성시키는데

도움이 될 것이다. 짐을 벗어버리는 유일한 길은

목표를 달성시킨다고 생각하며 살아가는 것이다.

에머슨 *Ralph Waldo Emerson*

(미국 사상가 겸 수필가)

---

* 나의 감정 상태

* 단단한 아침을 위한 한마디

"고귀한 마음이 부패에 물들지 않도록 늘 경계하라"

인간의 마음이란 때로는 가장 완성된 상태에 있지만

때로는 가장 부패한 상태에 머물기도 하는 것이다.

훌륭한 상태에 있을 때 그 상태를 유지하여

악한 것을 몰아낼 수 있도록 조심해야 한다.

베이컨 *Francis Bacon*

(잉글랜드 철학자)

* 나의 감정 상태

* 단단한 아침을 위한 한마디

"진리를 갈망하는 마음을 가져라"

세상에는 번뇌 없는 사람이 없다.

번뇌는 욕심에서 생긴다.

그러나 우리는 다행하게도 번뇌 이상으로

힘이 센 것 하나를 가지고 있으니

곧 진리를 갈망하는 마음이다.

만일 진리를 갈망하는 마음이 욕심보다 약하다면

정의의 길을 찾아가는 사람이 이 세상에 몇 명이나 되겠는가.

아우구스티누스 *Saint Augustine*

(고대 로마 신학자)

* 나의 감정 상태

* 단단한 아침을 위한 한마디

95

"시간 사용법은 자신의 결정에 달려 있다"

시간은 여러분 인생의 동전과 같습니다.

시간은 여러분이 가진 유일한 동전이고,

어떻게 소비할지를 여러분만이 결정할 수 있습니다.

다른 사람이 여러분 대신 사용하지 않게 조심해야 합니다.

칼 샌드버그 *Carl Sandburg*

(미국 작가 겸 언론인)

* 나의 감정 상태

* 단단한 아침을 위한 한마디

"진실을 직시하지 않으면 변화는 없다"

똑바로 본다고 해서 모든 것이 변하지는 않는다.

그러나 똑바로 보지 않는다면 아무것도 바꿀 수 없다.

제임스 볼드윈 *James Baldwin*

(미국 소설가)

* 나의 감정 상태

* 단단한 아침을 위한 한마디

"성숙한 사람은 위기를 스스로 해결하고 책임을 진다"

위기에 처했을 때 인격자는 스스로 극복하려고 노력한다.

그는 스스로 행동을 결정하고 책임을 지며

그것을 자신의 것으로 만든다.

샤를 드골 *Charles de Gaulle*

(프랑스 18대 대통령)

* 나의 감정 상태

* 단단한 아침을 위한 한마디

"내면의 도덕성을 깨달아야 자신의 가치를 발견할 수 있다"

우리들의 영혼 속에는 소중한 어떤 것이 존재하고 있다.

그것에 대해 세심한 주의를 기울이기만 한다면

그것이 언제나 놀랄 만큼 위대한 것임을 알아차릴 수 있다.

이 무엇인가는 우리들의 정신 속에 깃들어 있는

근원적인 도덕성이다.

칸트 *Immanuel Kant*

(독일 철학자)

* 나의 감정 상태

* 단단한 아침을 위한 한마디

"잘못을 고집하기보다, 고쳐나가는 것이 더 현명하다"

자신의 의견을 바꾸게 하고,

과실을 바로잡아준 사람을 따르는 것은

자신의 과실을 고집하는 것보다

훨씬 쉬운 일임을 기억하라.

아우렐리우스 *Marcus Aurelius*

(로마 제국 16대 황제)

* 나의 감정 상태

* 단단한 아침을 위한 한마디

"감정에 휘둘리지 말고 평온함을 유지하라"

많은 사람들이 만족감을 잃게 되는 것을

아주 슬픈 일이라고 생각한다.

그러나 기쁨을 아는 동시에,

그 기쁨의 이유가 없어졌을 때

슬퍼하지 않는 사람만이 올바른 사람이다.

파스칼 *Blaise Pascal*

(프랑스 수학자 겸 철학자)

* 나의 감정 상태

* 단단한 아침을 위한 한마디

"감사하는 마음은 어려움을 극복하는 열쇠다"

괴로운 일에 부딪혔을 때

우선 감사할 가치가 있는 것을 찾아서

그것에 충분히 감사하라.

그러면 마음에 평온함이 찾아오고

기분이 가라앉으며 어려운 일도 견디기 쉽다.

쇼펜하우어 *Arthur Schopenhauer*

(독일 철학자)

* 나의 감정 상태

* 단단한 아침을 위한 한마디

"욕망은 만족하지 못하는 결핍에서 생긴다"

모든 욕망은 결핍에서 생긴다.

만족하지 못하는 상태에서 생기는 것이다.

만족이 안 되는 이상 고통이다.

그런데 어떤 만족도 지속성은 없다.

만족은 새로운 욕망의 출발점일 뿐이다.

쇼펜하우어 *Arthur Schopenhauer*

(독일 철학자)

* 나의 감정 상태

* 단단한 아침을 위한 한마디

"내면을 소중히 하고, 외적인 일에는 냉정하게 대하라"

마음이 성스러운 사람은 내면적인 문제에 마음을 괴롭히지만

외적인 문제에 대해서는 냉정하다. 그는 외부적인 것은

소홀히 하지만 내면적인 것은 소중히 한다.

노자 老子

(춘추시대 초나라 철학자)

* 나의 감정 상태

* 단단한 아침을 위한 한마디

"진실은 현재에만 존재하니, 그 순간을 즐겨라"

현재야말로 현실적으로 충실한 시기이며,

우리의 현실 생활은 순전히 현재 속에 있으니,

언제나 명랑하게 현재를 받아들여야 한다. 따라서

직접적으로 불쾌와 고통이 따르지 않는 견딜 만한 정도의

한때가 주어진다면 그것 그대로를 즐기는 것이 좋다.

쇼펜하우어 *Arthur Schopenhauer*

(독일 철학자)

* 나의 감정 상태

* 단단한 아침을 위한 한마디

"내면의 진정한 미덕을 발견하라"

사람은 자신의 행위를 스스로 지배할 수 있다.

자기 자신에 의해 발견되고

자신이 살고 있는 동안 발견해 나가야만 하는,

그것 이외의 미덕이 있다고는 생각하지 말라.

에머슨 *Ralph Waldo Emerson*

(미국 사상가 겸 수필가)

* 나의 감정 상태

* 단단한 아침을 위한 한마디

"미소를 적절하게 활용하면 삶을 유쾌하게 만든다"

미소는

만물의 영장인 사람만이 가지고 있는 특권적인 표현법이다.

이 귀한 하늘의 선물을 올바로 이용하는 것이 사람이다.

문지기에게도, 사환에게도, 안내양에게도, 그밖에 누구에게나

이 미소를 지음으로써 손해나는 법은 절대로 없다.

미소는 일을 유쾌하게, 교제를 명랑하게,

가정을 밝게, 그리고 수명을 길게 해준다.

카네기 *Dale Carnegie*

(미국 철강 기업인)

* 나의 감정 상태

* 단단한 아침을 위한 한마디

"노력은 목표가 아닌, 그 자체로 보상이다"

선을 향하여 나아갈 때,

성공이 눈에 보이기를 기대하지 말라.

노력의 과실은 볼 수 없는 것이다. 앞으로 나아가면 갈수록

목표로 삼고 다가서던 이상도 점점 더 앞서 나아가기 때문이다.

노력은 수단이 아니며 그 자체가 목적이다.

노력 속에 보수가 있다.

톨스토이 *Leo Tolstoy*
(러시아 사상가 겸 소설가)

* 나의 감정 상태

* 단단한 아침을 위한 한마디

Day
56

CHAPTER 2

"자신의 장점과 내면의 보배를 발견하라"

우리가 먼저 할 일은 자신의 발견이다.

내가 무엇을 할 수 있는가를 생각하고

그 방향을 발견하는 것이 중요하다.

누구나 자기 자신 속에 캐면 캘수록 드러나는

무한한 보배를 지니고 있다. 다만 스스로의 노력과 인내가

부족해 캐내지 못하고 있기 때문에 실망하고 마는 것이다.

채근담 菜根譚

(홍자성이 저술한 저서)

* 나의 감정 상태

* 단단한 아침을 위한 한마디

"세상을 변화시키기 전에, 먼저 자신을 변화시켜라"

우리가 변화시킬 수 있는 것,

그리고 변화시켜야만 하는 것은 우리들 자신이다.

곧 우리의 성급함, 이기주의, 쉽게 등을 돌리는 것,

사랑과 관용의 결여 등이다.

이러한 내적인 혁신 없이 시도되는 모든 세계 개혁은

아무리 선의에서 출발한다 해도 별 의미가 없다.

헤세 *Hermann Hesse*

(독일 소설가)

* 나의 감정 상태

* 단단한 아침을 위한 한마디

"고난을 이겨내려면 절망하지 말고 최선을 다하라"

능숙한 선장은 폭풍을 만났을 때
폭풍에 반항하지 않으며 절망하지도 않는다.
항상 확고한 승산을 가지고 최후의 순간까지
전력을 다해서 활로를 열려고 한다.
여기에 인생의 고난을 돌파하는 비결이 있다.

제임스 램지 맥도날드 *James Ramsay MacDonald*

(영국 정치인)

* 나의 감정 상태

* 단단한 아침을 위한 한마디

"행복 속에서도 지나친 안일함에 빠지지 말라"

대체로 고난은 장래의 행복을 의미하고,

그것을 준비해주는 것이므로, 나는 그러한 경험을 통해서

고난당할 때는 희망을 갖게 되고,

반대로 너무나 행복할 때는 의구심을 갖게 된다.

힐티 *Karl Hilty*

(스위스 사상가)

* 나의 감정 상태

* 단단한 아침을 위한 한마디

"항상 겸손한 마음을 유지하라"

내 뜻대로 되지 않는다고 해서 괴로워하지 마라.

모든 일이 뜻대로 잘 되어 가더라도 너무 기뻐하지 말라.

오늘은 실패하였더라도 내일은 좋은 열매를 거둘 수 있다.

한때의 실패를 비관할 필요는 없다.

또 한때의 성공을 자랑할 필요도 없다.

일이 순조롭게 될 때일수록 마음을 여미고

장래에 대비하지 않으면 뜻하지 않은 고통을 겪게 된다.

채근담 菜根譚

(홍자성이 저술한 문헌)

* 나의 감정 상태

* 단단한 아침을 위한 한마디

"한 사람이라도 기쁘게 할 일을 생각하라"

하루의 생활을 다음과 같이 시작하면 좋을 것이다.

즉, 눈을 떴을 때 오늘 단 한사람에게라도 좋으니

그가 기뻐할 만한 무슨 일을 할 수 없을까, 생각하라.

프리드리히 니체 *Friedrich Nietzsche*

(독일 철학자)

* 나의 감정 상태

* 단단한 아침을 위한 한마디

"고난은 더 강하고 준비된 사람으로 만드는 과정이다"

약간의 근심, 고통, 고난은 항시 누구에게나 필요한 것이다.

바닥에 짐을 실지 않은 배는

안전하지 못하여 곧장 갈 수 없으리라.

쇼펜하우어 *Arthur Schopenhauer*

(독일 철학자)

---

* 나의 감정 상태

* 단단한 아침을 위한 한마디

3
나와 남, 나부터 다스리기

자기 성찰을 통한 관계의 완성

자기에 대한 존경,
자기에 대한 지식, 자기에 대한 억제,
이 세 가지만이 생활에 절대적인 힘을
가져다준다.
~
A. 테니슨

"진정한 지혜는 자신의 무지를 자각하는 데서 온다"

안다고 생각하고 있는 사람이 현명한 것이 아니라

자기가 모른다는 것을 자각하고 있는 사람이 현명하다.

클라우디우스 *Marcus Claudius*

(고대 로마 철학자)

* 나의 감정 상태

* 단단한 아침을 위한 한마디

"자기 인식은 삶을 통제하는 데 필수적이다"

사람은 그 자신을 알아야 한다.

그것이 진리를 발견하는 데는 도움이 안 되더라도

적어도 그의 생활을 통제하는 데는 필요하다.

파스칼 *Blaise Pascal*

(프랑스 수학자 겸 철학자)

---

* 나의 감정 상태

* 단단한 아침을 위한 한마디

"인격은 나무요, 평판은 그 그림자에 불과하다"

인격이 나무라면 평판은 나무의 그림자와 같다.

우리가 나무에 대해 생각하는 바가 그림자라면

나무는 실제 모습인 것이다.

링컨 *Abraham Lincoln*

(미국 16대 대통령)

* 나의 감정 상태

* 단단한 아침을 위한 한마디

"자아에 지배당하는 것은 가장 큰 실패다"

인간의 가장 위대한 승리는 자기 자신을 지배하는 것이다.

스스로에게 지배당하는 것은

그 무엇보다도 더 부끄럽고 비루한 일이다.

플라톤 *Plato*

(고대 그리스 철학자)

---

* 나의 감정 상태

* 단단한 아침을 위한 한마디

"결과가 아닌, 노력의 씨앗으로 판단하라"

당신이 거둔 것으로 하루를 판단하지 말고

당신이 뿌린 것으로 오늘을 판단하라.

로버트 루이 스티븐슨 *Robert Louis Stevenson*

(스코틀랜드 소설가)

* 나의 감정 상태

* 단단한 아침을 위한 한마디

"작은 일이라도 타인에게 도움을 주는 행동을 하라"

모든 선한 일은 자선이다.

목마른 자에게 물을 주는 것,

길 위의 돌을 치우는 것도 자선이다.

남에게 좋은 사람이 되도록 타이르는 것,

길가는 나그네에게 길을 가르쳐주는 것도 또한 자선이다.

그리고 남의 얼굴을 바라보며 미소를 띠는 것도

역시 자선이다.

마호메트 *Muhammad*

(이슬람 예언자)

* 나의 감정 상태

* 단단한 아침을 위한 한마디

"자아는 찾는 것이 아니라, 만들어가는 것이다"

자아를 발견하지 못하겠다고 말하지 말라.

자아는 발견하는 것이 아니라 창조하는 것이다.

토마스 사스 *Thomas Szasz*

(헝가리 출신 정신분석학자)

* 나의 감정 상태

* 단단한 아침을 위한 한마디

"내면에서 진정한 답을 찾아라"

그대의 얼굴은 짓밟힐지언정

마음만은 무엇에도 짓밟히지 말아야 한다.

눈을 안으로 뜨라. 그대가 찾는 것은 그대의 마음속에 있다.

이제까지 발견하지 못했던 새로운 것이 거기 있을 것이다.

그대의 마음속에서 얻은 것이 진정 그대의 것이다.

헨리 데이비드 소로우 *Henry David Thoreau*

(미국 철학자 겸 수필가)

* 나의 감정 상태

* 단단한 아침을 위한 한마디

"만족함이란 사랑하는 일을 할 때 얻어진다"

당신의 일은 당신 인생의 큰 부분을 차지할 것입니다.

진정으로 만족할 수 있는 유일한 방법은

당신이 위대한 일이라고 믿는 일을 하는 것입니다.

그리고 위대한 일을 하는 유일한 방법은

당신이 하는 일을 사랑하는 것입니다.

스티브 잡스 *Steve Jobs*

(애플 창업자)

* 나의 감정 상태

* 단단한 아침을 위한 한마디

"친절은 사악함을 이길 수 있는 가장 강한 무기다"

사악에 대하기를 친절로 대하라.

날카로운 칼도, 부드러운 비단을 쉽게 쩰 수는 없다.

친절한 말씨와 착한 행위로 대한다면

한 오라기의 머리털로도 코끼리를 이끌어갈 수 있으리라.

사디 *Saadi*

(중세 페르시아 시인)

* 나의 감정 상태

* 단단한 아침을 위한 한마디

"자기완성은 내면의 노력과 타인과의 교류에서 찾아온다"

자기완성은 인간의 내면적인 일이지만

또한 외부적인 일이기도 하다.

인간은 다른 사람들과 사귀지 않고서는 완성될 수 없다.

그 사람이 다른 사람들에게 미치는 영향을 생각하지 않고는,

자신의 완성에 대해 서로 생각할 수 없다.

톨스토이 *Leo Tolstoy*

(러시아 사상가 겸 소설가)

* 나의 감정 상태

* 단단한 아침을 위한 한마디

Day

74

CHAPTER 3

"지혜가 없는 성실함은 의미가 없다"

지혜를 짜내려고 애쓰기 전에 먼저 성실하라.

지혜가 부족해서 일에 실패하는 경우는 드물다.

언제나 부족한 것은 성실이다. 성실하면 지혜가 생기지만,

성실하지 못하면 있는 지혜도 흐려진다.

B. 디즈레일리 *Benjamin Disraeli*

(영국 정치인)

* 나의 감정 상태

* 단단한 아침을 위한 한마디

"정직과 성실이 최고의 벗이 된다"

당신의 마음속에 식지 않는 열과 성의를 가져라.

그러면 인생의 빛을 얻으리라.

정직과 성실을 벗으로 삼아라.

아무리 친한 벗이라도 당신 자신으로부터 나온

정직과 성실만큼 당신을 돕지는 못할 것이다.

백 권의 책보다도 단 한 가지의

성실한 마음이 사람을 움직이는데 더 큰 힘이 된다.

프랭클린 *Benjamin Franklin*

(미국의 정치인)

---

* 나의 감정 상태

* 단단한 아침을 위한 한마디

"확고한 신념이 있는 사람을 믿어라"

적이 한 사람도 없는 사람을 친구로 삼지 말라.

그는 중심이 없고 믿을 만한 가치가 없는 사람이다.

차라리 분명한 선善으로 반대자를 가진 사람이

마음에 뿌리가 있고 믿음직한 사람이다.

알프레드 테니슨 *Alfred Lord Tennyson*

(영국의 시인)

* 나의 감정 상태

* 단단한 아침을 위한 한마디

"배우고 싶다면 말이 아니라 경청하라"

나는 아침마다 스스로에게 상기시킨다.

오늘 내가 말하는 것 중

나를 가르쳐 주는 건 아무것도 없다는 사실을.

그래서 내가 배우고자 한다면,

반드시 경청을 통해 배운다고.

래리 킹 *Larry King*

(미국 방송인 겸 기자)

* 나의 감정 상태

* 단단한 아침을 위한 한마디

"부주의한 칭찬은 비난만큼 해로울 수 있다"

부주의한 칭찬 또한 부주의한 비난만큼이나 해롭다.

그리고 가장 커다란 피해는

비난 속에서 이루어지는 법이다.

러스킨 *John Ruskin*

(영국 작가 겸 비평가)

* 나의 감정 상태

* 단단한 아침을 위한 한마디

"비난에만 집중하지 말고 자신의 결점을 반성하라"

사람들은 모두 다 타인 속에 자신의 거울을 가지고 있다.

그 거울에 자기 자신의 죄악과 결점을 뚜렷하게 비춰볼 수

있다. 그러나 대부분의 사람들은 이 거울에 대해

개와 같은 짓을 하고 있다. 즉, 그 거울에 비치는 것이

자기가 아닌 다른 개라고 생각하며 짖어대는,

그런 개와 같은 짓을 하고 있는 것이다.

쇼펜하우어 *Arthur Schopenhauer*

(독일 철학자)

* 나의 감정 상태

* 단단한 아침을 위한 한마디

"타인의 실수를 지적할 때는 친절하게 하라"

만약 누군가의 과실을 발견했다면 친절하게 지적해 주고
어떤 점이 잘못되었는가를 일러주어야만 한다. 만일 그것이
마음대로 되지 않는다면 다만 자신만을 책망하라.
그 어느 누구도 책망해서는 안 된다.
그리고 더욱더 친절하게 대하도록 힘써라.

아우렐리우스 *Marcus Aurelius*

(로마 제국 제16대 황제)

* 나의 감정 상태

* 단단한 아침을 위한 한마디

Day
81

CHAPTER 3

"타인을 비난하기보다는 겸손한 마음을 가져라"

겸손할 줄 모르는 사람은 언제나 남을 비난한다.

그는 다만 남의 허물만을 잘 알고 있다.

그래서 그 자신의 욕정이나 죄과는 점점 커져가게 마련이다.

톨스토이 *Leo Tolstoy*

(러시아 사상가 겸 소설가)

* 나의 감정 상태

* 단단한 아침을 위한 한마디

"타인의 좋은 점을 인정하고 칭찬하는 것은 존중의 표현이다"

남의 좋은 점을 발견할 줄 알아야 한다.

그리고 남을 칭찬할 줄도 알아야 한다.

그것은 남을 자기와 동등한 인격으로

생각한다는 의미를 갖는 것이다.

괴테 *Johann Wolfgang von Goethe*

(독일 철학자)

* 나의 감정 상태

* 단단한 아침을 위한 한마디

Day
83

CHAPTER 3

"지식이 깊은 자는 말이 적고, 지식이 얕은 자는 말이 많다"

아는 것이 적은 사람이 수다스럽게 떠들어대는 법이다.

지식이 풍부한 사람은 말을 많이 하지 않는다.

조잡한 인간은 자신이 알고 있는 것은 무엇이든지

소중하다고 생각하기 때문에 그것을 아무에게나

말하고 싶어 한다. 그러나 제대로 알고 있는 사람은

그 지식을 타인에게 말하는 것이

쉽지 않다는 사실을 잘 알고 있다.

루소 Jean-Jacques Rousseau
(프랑스 계몽주의 철학자)

* 나의 감정 상태

* 단단한 아침을 위한 한마디

"타인의 잘못에 대하여 관대하라"

남의 잘못에 대하여 관대하라. 오늘 저지른 남의 잘못은

바로 어제의 나의 잘못이었던 것을 생각하라.

잘못이 없는 사람은 아무도 없다.

완전하지 못한 것이 사람이라는 것을 생각하고

진정으로 대하라. 우리는 어디까지나 정의를 추구해야 하지만

정의만으로 재판한다면 단 한 사람도 구제받지 못할 것이다.

셰익스피어 *William Shakespeare*
(영국의 극작가 겸 시인)

* 나의 감정 상태

* 단단한 아침을 위한 한마디

"역경에 슬퍼하지 말고, 성공에 자만하지 말라"

절망하지 말라. 비록 그대의 모든 형편이

절망할 수밖에 없다 하더라도 절망하지 말라.

이미 일이 끝장난 듯싶어도

결국은 또다시 새로운 힘이 생기게 된다.

프란츠 카프가 *Franz Kafka*

(체코 소설가)

* 나의 감정 상태

* 단단한 아침을 위한 한마디

4
행복을 부르는 생각

덕과 지혜로 참된 기쁨을 성찰하다

행복은 돈이 들지 않는다.
그런데 우리는 거짓된 행복에 엄청난
돈을 지불하고 있다.
~
벌루

"마음의 눈을 떠라. 행복은 가까이에 있다."

어디인가에 돈이 떨어져 있다면

아무리 멀어도 주우러 갈 것이다.

그런데, 자기 발밑에 있는 일거리를 발로 차버리고

지나치는 사람들이 있다.

눈을 떠라. 행복의 열쇠는 어디에나 떨어져 있다.

기웃거리고 다니기 전에 마음의 눈을 닦아라.

앤드류 카네기 *Andrew Carnegie*

(미국 철강 기업인)

* 나의 감정 상태

* 단단한 아침을 위한 한마디

"일을 놀이처럼 즐기고, 소유에 집착하지 마라"

생계유지를 위한 일을 직업으로 삼지 말고 놀이로 삼아라.

대지를 즐기되 그것을 소유하지는 말라.

사람들은 용기와 신념이 부족하여

자신들의 생애를 농노처럼 낭비하며

현재의 위치에 머물러 있는 것이다.

헨리 데이비드 소로 *Henry David Thoreau*

(미국 사상가 겸 수필가)

* 나의 감정 상태

* 단단한 아침을 위한 한마디

"단순함 속에 더 큰 행복이 있다"

우리들의 시야, 활동 범위, 접촉 범위가 좁을수록

우리들의 행복은 크다. 그것들이 넓을수록

우리는 고뇌와 불안을 느끼는 것이 크다.

그것들과 함께 걱정, 원망, 공포가 증대하고

확대되기 때문이다.

쇼펜하우어 *Arthur Schopenhauer*

(독일의 철학자)

* 나의 감정 상태

* 단단한 아침을 위한 한마디

Day
89

CHAPTER 4

"행복은 신중함, 성실함, 공정함에서 자란다"

신중하고 성실하며 공정하지 않으면

행복하게 살 수 없으며, 또 행복하지 못하면

신중하고 성실하며 공정하게 살지 못한다.

에피쿠로스 *Epicurus*

(고대 그리스 철학자)

* 나의 감정 상태

* 단단한 아침을 위한 한마디

"노동을 통해 진정한 가치를 배워야 한다"

부자이거나 가난뱅이이거나 또는 강자이거나 약자이거나,

일하지 않는 자는 배척하라. 모든 사람은

참된 기술을 몸소 실천하는 노동을 배워야 한다.

그것은 또한 노동을 천시하는 편견을

깨뜨려버리기 위해서도 필요하다.

루소 Jean-Jacques Rousseau

(프랑스 계몽주의 철학자)

* 나의 감정 상태

* 단단한 아침을 위한 한마디

"두 손은 일에 쓰고, 한 입은 그 열매를 즐겨라"

너는 두 개의 손과 한 개의 입을 갖고 있다.

그 의미를 생각해 보라.

두 개는 노동을 위해서

다른 하나는 식사를 위해서 있는 것이다.

리케르트 *Friedrich Nietzsche*

(독일 철학자)

* 나의 감정 상태

* 단단한 아침을 위한 한마디

"유혹을 극복하는 길은 오직 수양뿐이다"

육체의 욕망, 교만, 욕심은

인간이 가지는 세 가지 유혹이다.

그로 인하여 모든 불행이 과거에서 미래에까지

인류의 무거운 짐이 되고 있는 것이다.

이 무서운 병을 극복하는 방법은

단 한 가지 수양 이외에는 없다.

베이컨 *Francis Bacon*

(영국 철학자)

* 나의 감정 상태

* 단단한 아침을 위한 한마디

"허영심은 진정한 행복을 가로막는다"

사람들은 자기가 행복하기를 원하는 것보다

남에게 행복하게 보이려고 더 애를 쓴다.

남에게 행복하게 보이려고 애쓰지만 않는다면

스스로 만족하기란 그리 힘든 일이 아니다.

남에게 행복하게 보이려는 허영심 때문에

자기 앞에 있는 진짜 행복을 놓치는 수가 참으로 많다.

라 로슈푸코 *François de La Rochefoucauld*

(프랑스 작가)

---

* 나의 감정 상태

* 단단한 아침을 위한 한마디

"말은 나를 드러내는 초상화다"

사람은 누구나 자신이 하는 말에 의해서

자기 자신을 판단 받게 된다.

원하든 원치 않든 말 한마디 한마디가

남 앞에 자신의 초상화를 그려 놓은 셈이다.

에머슨 *Ralph Waldo Emerson*
(미국 사상가 겸 시인)

* 나의 감정 상태

* 단단한 아침을 위한 한마디

"가장 중요한 지식은 도덕적 선택과 삶의 방향이다"

인간에게 필요한 가장 중요한 지식은

어떻게 살 것인가, 어떻게 하면 악을 멀리하고

선을 더 많이 행할 수 있는가 하는 것이다.

데카르트 *René Descartes*

(프랑스 철학자 겸 수학자)

* 나의 감정 상태

* 단단한 아침을 위한 한마디

"행복은 바라보는 관점과 태도에 의해 결정된다"

행복은 우리가 가진 것으로 결정되는 것이 아니라,

가진 것을 어떻게 바라보느냐에 좌우된다.

가난해도 행복할 수 있고 부자여도 불행할 수 있다.

윌리엄 뎀프스터 호드 *William Dempster Hoard*

(미국 정치인)

* 나의 감정 상태

* 단단한 아침을 위한 한마디

"행복은 가치 있는 목적에 충실함으로써 이루어진다"

많은 사람들이 무엇이 진정한 행복인지에 대해

잘못된 생각을 가지고 있다.

행복은 자기만족에 의해서가 아니라,

가치 있는 목적에 충실함으로써 이루어진다.

헬렌 켈러 *Helen Keller*
(미국 교육자 겸 사회주의 운동가)

* 나의 감정 상태

* 단단한 아침을 위한 한마디

"진정한 겸손은 자신을 정확히 보는 것이다"

진정한 겸손은

자신을 다른 사람보다 낮게 평가하는 것이 아니라,

자신을 정확히 보는 것이다.

C. S. 루이스 *Clive Staples Lewis*

(영국 작가 겸 학자)

* 나의 감정 상태

* 단단한 아침을 위한 한마디

"행복을 누릴 수 있는 자격과 준비를 갖추어라"

행복을 추구하는 것도 중요하지만

행복을 누릴 자격을 갖춘 사람이 되는 것이 더 중요하다.

칸트 *Immanuel Kant*

(독일 철학자)

* 나의 감정 상태

* 단단한 아침을 위한 한마디

"자기답게 사는 것이 진정한 행복이다"

자신이 의식하든 안 하든 간에

자기 자신이 아닌 상태 이상으로 부끄러운 것은 없다.

또한 자기 자신의 것을 생각하고 느끼고 말하는 것

이상으로 긍지와 행복을 느끼는 것은 없다.

E. 프롬 *Erich Fromm*

(독일 태생의 정신분석학자)

* 나의 감정 상태

* 단단한 아침을 위한 한마디

"행복은 주어지는 것이 아니라 창조되는 것이다"

우리는 행복이란 제품을 만들 수 있는 재료와 힘을

자신 속에 지니고 있으면서도

기성품의 행복만을 찾고 있다.

알랭 *Alain*

(프랑스 철학자)

* 나의 감정 상태

* 단단한 아침을 위한 한마디

5
지혜로 부자가 되는 법

지혜의 축적을 통해 진정한 부를 발견하다

지혜는 샘물이다. 그 물은
마시면 마실수록 점점 더 많아지고
힘이 나고 또 다시 솟아나온다.

~

앙겔루스

"행복은 올바른 마음과 지혜에서 시작된다"

사람의 행복은

몸이나 돈에 의하는 것이 아니고

마음의 올바름과 지혜의 많음에 의한다.

데모크리토스 *Democritus*

(고대 그리스 철학자)

* 나의 감정 상태

* 단단한 아침을 위한 한마디

"소중한 것의 악용은 큰 불행을 초래한다"

꼭 필요한 것일수록,

그것의 악용은 더욱더 해로운 법이다.

그래서 인간이 겪는 불행은 대부분

지혜의 악용에서 일어난다.

톨스토이 *Leo Tolstoy*

(러시아 사상가 겸 소설가)

* 나의 감정 상태

* 단단한 아침을 위한 한마디

"진정한 지혜는 지식을 깊이 되새길 때 온다"

우리들은 반추동물이 되어야 한다.

여러 가지 지식을 위장에 집어넣는 것만으로는 충분하지 않다.

만일 유용한 지식을 되풀이하여 외우지 않는다면,

책은 우리에게 아무런 힘도 자양분도 주지 못할 것이다.

존 로크 *John Locke*

(잉글랜드 철학자)

---

* 나의 감정 상태

* 단단한 아침을 위한 한마디

"무분별한 독서는 정신적 혼란을 초래할 수 있다"

독서는 오로지 사상의 샘이 고갈되었을 때만 해야 한다.

그러한 고갈은 지혜로운 사람에게도 흔히 일어나는 일이다.

하지만 책으로 인해, 아직 견고해지지 않은 자신의 사상을

잃어버리는 수가 있다.

그것은 정신에 대하여 죄를 범하는 것과 같다.

쇼펜하우어 *Arthur Schopenhauer*

(독일 철학자)

* 나의 감정 상태

* 단단한 아침을 위한 한마디

"남을 탓하기보다, 자기 자신을 돌아보라"

남이 나를 속인다고 하지 말라.

사람은 언제나 자기가 자기를 속이고 있다.

그대의 생각이 올바른 중심을 벗어나서

자기를 괴롭히고 있다.

괴테 *Johann Wolfgang von Goethe*

(독일 철학자 겸 작가)

* 나의 감정 상태

* 단단한 아침을 위한 한마디

"남의 성공을 좇지 말고, 내면의 가치를 위해 투자하라"

세상의 모든 출세란 남처럼 되는 것이다.

남이 과자를 먹고 있으면, 자신도 과자를 사기 위해

빚까지 진다. 그러나 지식이나 정신 그리고 아름다움을

위해서 그렇게 많은 지출을 하는 사람은 결코 많지 않다.

에머슨 *Ralph Waldo Emerson*

(미국 사상가 겸 시인)

* 나의 감정 상태

* 단단한 아침을 위한 한마디

"행복은 불만에 속지 않는 데서 시작된다"

인간의 행복 원리는 간단하다.

불만에 자기가 속지 않으면 된다. 어떤 불만으로 해서

자기를 학대하지만 않는다면 인생은 즐거운 것이다.

러셀 *Bertrand Russell*

(영국의 철학자 겸 수학자)

---

* 나의 감정 상태

* 단단한 아침을 위한 한마디

"성실한 마음이 진정한 나를 만든다"

성실한 마음보다 더 성스러운 것은 없다.

인생 항로에 등장하는 마음들은 다양하다. 서로

앞을 다투어 자기가 더 소중하다고 한다. 그러나

마지막에는 성실한 마음이 제일 높은 평가를 받게 된다.

성실한 마음은 누구나 존중하므로

어느덧 성스러운 위치를 차지하게 된다.

에머슨 *Ralph Waldo Emerson*

(미국 사상가 겸 시인)

* 나의 감정 상태

* 단단한 아침을 위한 한마디

"타인을 미워하는 것은 자신의 내면을 반영하는 것이다"

우리가 사람을 미워할 경우 그것은 단지 그의 모습을 빌려서

자신의 속에 있는 무엇인가를 미워하는 것이다.

자신의 속에 없는 것은 절대로 자기를 흥분시키지 않는다.

헤르만 헤세 *Hermann Hesse*

(스위스 문학가 겸 예술가)

* 나의 감정 상태

* 단단한 아침을 위한 한마디

"감정을 조절하고 올바른 방식으로 표현하라"

누구든지 분노할 수 있다. 그것은 매우 쉬운 일이다.

그러나 올바른 대상에게, 올바른 정도로, 올바른 시간에,

올바른 목적으로, 올바른 방법으로 분노하는 것은

누구나 할 수 있는 일이 아니다. 또 쉬운 일도 아니다.

아리스토텔레스 *Aristotle*

(고대 그리스 철학자)

* 나의 감정 상태

* 단단한 아침을 위한 한마디

"어리석음을 인식하는 것이 지혜의 시작이다"

어리석은 사람이 스스로 '어리석다'고 여긴다면

그는 벌써 어진 사람이다.

어리석은 사람이 스스로 '어질다'고 생각한다면

그야말로 어리석은 사람이다.

법구경 法句經

(불교 경전)

* 나의 감정 상태

* 단단한 아침을 위한 한마디

"효율적이고 생산적으로 시간 활용을 하라"

보통 사람은 시간을 소비하는 것에 마음을 쓰고,

재능 있는 사람은 활용하는 것에 신경을 쓴다.

쇼펜하우어 *Arthur Schopenhauer*

(독일 철학자)

---

* 나의 감정 상태

* 단단한 아침을 위한 한마디

"책을 읽고 이해해야 진정한 지식이 생긴다"

책을 산다는 것은 좋은 일이다.

이와 함께 읽을 수 있는 시간까지 살 수 있다면 말이다.

사람들은 책을 산 것으로

그 책의 내용까지 알게 된 것으로 착각한다.

쇼펜하우어 *Arthur Schopenhauer*

(독일 철학자)

* 나의 감정 상태

* 단단한 아침을 위한 한마디

"위대한 생각이 마음을 성장시킨다"

위대한 생각들로 우리 마음을 키워야 한다.

인간은 생각한 만큼만 성장할 수 있기 때문이다.

벤저민 디즈레일리 *Benjamin Disraeli*

(영국 정치인 겸 작가)

---

* 나의 감정 상태

* 단단한 아침을 위한 한마디

Day
116

"용기 있는 삶을 살아라"

용기 있는 자로 살아라.

운이 따라주지 않는다면

용기 있는 가슴으로 불행에 맞서라.

키케로 *Marcus Tullius Cicero*

(고대 로마 정치인)

---

* 나의 감정 상태

* 단단한 아침을 위한 한마디

"정의를 실천하지 못함을 두려워하라"

도의에서 벗어나는 것, 학문을 게을리하는 것,

정의를 듣고도 실행치 못하는 것, 착하지 아니함을 고치지

못하는 것들이 내가 언제나 두려워하는 것이다.

공자 孔子

(춘추시대 유학자)

* 나의 감정 상태

* 단단한 아침을 위한 한마디

"가장 깊은 고통 속에 가장 큰 웃음이 탄생한다"

인간만이 이 세상에서 깊이 괴로워한다.

그러므로 인간은 웃음을 발명하지 않을 수 없었다.

가장 불행하고 가장 우울한 동물이

당연히 가장 쾌활한 동물인 것이다.

니체 *Friedrich Nietzsche*

(독일 철학자)

* 나의 감정 상태

* 단단한 아침을 위한 한마디

"배움을 게을리 하지 마라"

살고 있는 동안 배움을 계속하라.

노년이 지혜를 가지고 오기를 기다리지 말라.

헨리 데이비드 소로 *Henry David Thoreau*

(미국 사상가 겸 시인)

---

* 나의 감정 상태

* 단단한 아침을 위한 한마디

"오늘을 소중히 여겨라"

가장 보편적인 착각의 하나는,

현재는 결정을 내리기엔

가장 애매한 시기라고 생각하는 것이다.

그러나 오늘 하루는 일 년 중의

가장 중요한 날이라는 것을 명심하라.

에머슨 *Ralph Waldo Emerson*

(미국 사상가 겸 시인)

* 나의 감정 상태

* 단단한 아침을 위한 한마디

나를 단단하게 만드는
아침 한 문장 필사

초판 1쇄 펴낸날 2024년 12월 02일

지은이 김한수
펴낸이 이종근
펴낸곳 도서출판 하늘아래

주소 경기도 고양시 일산동구 하늘마을로 57- 9 3층 302호
전화 (031) 976-3531
팩스 (031) 976-3530
이메일 haneulbook@naver.com
등록번호 제300-2006-23호

ISBN 979-11-5997-106-8 (04190)
ISBN 979-11-5997-105-1 (세트)